D'UN BOUT À L'AUTRE

Poèmes de Gabriel DINU, traduits du roumain par Gabrielle DANOUX

*à **Aurelian Titu Dumitrescu***

« Après la mort, on met une virgule, pas un point ».

(Gabriel DINU)

© 2022 Gabriel DINU

titre original : *De la un capăt la altul*

Édition : BoD – Books on Demand,

info@bod.fr

Impression : BoD – Books on Demand,

In de Tarpen 42, Norderstedt (Allemagne)

Impression à la demande

ISBN : 978-2-3224-2318-7

Dépôt légal : Juin 2022

Le combat avec les monstres derrière la porte

Personnellement, je n'envisage pas la poésie mise sur son trente-et-un comme pour une soirée de gala, mais plutôt impliquée dans une guerre des sens, qui se précipite comme pour le renversement des pôles magnétiques. Le poète, jeté dans le monde comme dans une fosse aux lions, peut, au mieux, espérer de supplier l'absence de morsures, car les bêtes sauvages se rassasieront d'œillades et de reniflements.

Gabriel Dinu saisit soigneusement les ondes à risque, de sorte à pouvoir les apprivoiser quelque peu, en réussissant diverses formulations, certaines rigoureuses, d'autres extatiques. On ressent une mathématique des idées ainsi que des sentiments, la normalisation étant directe, dépourvue de tendances sarcastiques.

Pas question de langage précieux ou de sinueux ornements allégoriques à l'instar de ceux qui font parfois la sarabande et le délice de la mode dans l'espace littéraire, chez ce poète, qui comme on l'a vu à l'époque, a visé juste dès son premier livre, puisque je compte parmi ceux qui l'ont apprécié.

Gabriel Dinu s'est institué un style personnel et distinct, en concentrant son langage strictement sur une démarche de récupération des significations essentielles dans une multitude d'usages qui n'excluent cependant pas une certaine usure. À parcourir la généreuse et diversifiée table des matières se démarquent quelques repères de consonance et de résonance bien pensée et argumentée.

Je remarque ainsi, de loin : « C'est alors qu'ils ont placé le doute/ sous le signe de l'interrogation/ et sur le rêve ils ont appliqué/ un impôt forfaitaire./ La forêt de cristal était/ soupçonnée, elle aussi/ de quelque chose de grave,/ évasion ou quelque chose de la sorte./ Par conséquent, ils l'ont confiée/ pour l'enquête à un juge/ de paix./ Celui-ci, de temps à autre,/ la convoquait pour/ dire tout ce qu'elle savait,/ jusqu'au lait de cristal/ tété au sein de/ sa mère./ La forêt de cristal/ au final submergée/ par le doute/ a reconnu :/ – Le rêve est un brigand ! » (*Alors*). L'ironie est ici des plus subtiles, fort bien à propos, et en réalité, c'est elle qui rend tout le mécanisme agréable à entendre et à comprendre. Le choix d'attribuer à la disgrâce la beauté du rêve est raffiné et tendre. Nous avons, par conséquent, affaire à la vision du ludique sur fond d'onirique, dans un poème rond (sub)consciemment surgi et établi.

Touché par cette période de l'absurde dont on peine à voir le bout du tunnel, le poète déclame des états impropres dans d'autres conditions, ressent profondément et déclare haut et fort : « À travers ses grands yeux/ m'observait Dieu./ Le monde avait lancé/ une nouvelle mode./ La collection d'hiver, de printemps,/ d'automne et d'été,/ de sorte que tous on portait/ des gants et des masques,/ des masques et des gants./ À travers ses grands yeux,/ oui, m'observait Dieu./ Et ce n'était pas juste une impression,/ la larme elle-même » (*À travers ses grands yeux*).

Dans une note du concret un peu plus prononcée et sous l'impression du pénible et du grotesque qui enveloppent notre existence à ces heures insupportables, de pandémie, ce poème : « La neige fait défaut, mais promptes sont les *manele/* sur terre et en pensée/ et pour le *flash info/* du soir. / La neige fait défaut, mais/ viendra l'étoile qui/ joyeuse surgit et triste/ décline. / Sur un coin du monde, / sur un coin de cœur bleu, / la neige fait défaut. / Et pas qu'au Sahara. » (*Chant de Noël de cœur bleu*).

De ce qu'on peut voir, on nous a préparé un registre intéressant, avec des accents qui présupposent clairement une maitrise des termes et des situations. L'inhérent et l'ineffable sont traités de manière à produire de l'apaisement dans le contexte, peu reluisant, d'une réalité écrasée sous le poids des craintes et des impuissances.

Le fait que ce recueil soit entièrement dédié à Aurelian Titu Dumitrescu est louable sachant que celui-ci fut le principal mentor du poète et c'est une chose importante qu'une personne d'une telle carrure culturelle croie en quelqu'un dès le début. En ce qui me concerne, à travers ce que je viens d'exposer, je souhaite et je prédis à Gabriel Dinu un bon parcours pour la suite.

Daniel Marian

D'un bout à l'autre

D'un bout à l'autre
de la mort quelques pas
à travers la vie.
C'est comme l'instruction militaire ensuite,
couché, saut en avant,
repos.
D'un bout à l'autre
de la mort, quelques pas,
quelques centaines, quelques milliers,
et l'espoir de ceux qui restent
que tu reviendras
disons, avec approximation,
le troisième jour.

Contemporains

Près de toi, mais pas à tes côtés,
sous les feux des projecteurs,
sous les ovations des autres
et tenant un diplôme
de bonne conduite à la main,
quelqu'un vend son âme.

Entre chamanisme et pluie

Entre chamanisme et pluie
arrive une ombre humaine,
une ombre de dieu
et elle touche imperceptiblement
ton âme.

31 mars*

Buvons une vodka
ne serait-ce qu'en pensée.
Ensuite, souvenons-nous
de ce qui a été, de comment cela a été
de pourquoi cela a été,
qui il a été.
CELUI qui est palpable !

*Anniversaire du poète roumain Nichita Stănescu

Jésus a ressuscité

De quelque part, de partout,
nous ressuscitons une fois par an
et nous sommes crucifiés
tous les autres jours.
Environ 364, 365 selon à quel point l'année est
bissextile ou pas.
De quelque part, de partout :
– Nous, les Jésus, avons ressuscité !

Parfois

Parfois je dérange, je fatigue,
je vous ennuie encore plus
avec ma sincérité,
avec ma singulière sincérité qui
me fait raconter la dernière mort apprise,
advenue, reniée de tous
telle une femme légère.

Parfois je vous raconte, relaxé
à votre grand énervement
l'état ultime, de rigidité
d'un corps jadis connu par vous.

FINISH ?

Entre la mort du rêve
et la rêverie de la mort,
Peu importe comment...
De près,
de profil,
de loin.

Murmures ?
Nuit ?
Mort ?
Peut-être.

La boutique du bonheur

Il te faudrait une vie,
un sourire, un esclave,
quelque chose qui soit à toi
au moins de manière temporaire.
Près de toi passent des vices,
des interrogations, des dialectes.
Un citoyen roumain de
dialecte moldave interroge,
un autre citoyen moldave
de dialecte roumain répond.
À la boutique du bonheur
il y a une file d'attente, s'est réuni
beaucoup de monde, mais
pour l'instant c'est fermé.
Dans la vitrine trône
l'annonce :
Je reviens plus tard !

Alors

C'est alors qu'ils ont placé le doute
sous le signe de l'interrogation
et sur le rêve ils ont appliqué
un impôt forfaitaire.

La forêt de cristal était
soupçonnée, elle aussi
de quelque chose de grave,
évasion ou quelque chose de la sorte.

Par conséquent, ils l'ont confiée
pour l'enquête à un juge
de paix.

Celui-ci, de temps à autre,
la convoquait pour
dire tout ce qu'elle savait,
jusqu'au lait de cristal
tété au sein de
sa mère.

La forêt de cristal
au final submergée
par le doute

a reconnu :

– Le rêve est un brigand !

Entre les années

Sur le seuil entre les années
nous peignons l'avenir en rose.
Nous envoyons des SMS, des messages,
des vœux, à tout le monde.
Amis, ennemis.
Même à ceux qui nous saluent
les mains dans le dos.
Mais eux ne gardent pas par respect
les mains dans le dos,
mais uniquement pour masquer
les poignards avec lesquels
ils nous salueront un beau jour.
Sur le seuil entre les années
nous peignons l'avenir en rose...

À travers ses grands yeux

À travers ses grands yeux
m'observait Dieu.
Le monde avait lancé
une nouvelle mode.
La collection d'hiver, de printemps,
d'automne et hiver,
de sorte que tous on portait
des gants et des masques,
des masques et des gants.
À travers ses grands yeux,
oui, m'observait Dieu.
Et ce n'était pas juste une impression,
la larme elle-même.

Chant de Noël d'un cœur bleu

La neige fait défaut, mais promptes sont les
manele
sur terre et en pensée
et pour le *flash info*
du soir.
La neige fait défaut, mais
viendra l'étoile qui
joyeuse surgit et triste
décline.
Sur un coin du monde,
sur un coin de cœur bleu,
la neige fait défaut.
Et pas qu'au Sahara.

Un jour ordinaire

J'ai peur,
je le sais,
je le ressens de plus en plus souvent.
Je vais mourir par un jour ordinaire,
une si ordinaire journée
comme leurs esclaves sont nés.
Même si les maîtres ont des noms
de saints.
Ion, Vasile, Costel, Marin
et les formes dérivées.

Rien sur personne

L'un des chiens s'est trouvé
un compagnon de jeu,
ensuite il a aboyé :
– Rien sur personne !
L'un des ours, probablement les derniers,
a renversé la poubelle
devant l'hôtel
cinq étoiles
et s'est réfugié dans la forêt.
Forêt qu'il cherche toujours
tandis que, renfrogné, il grogne :
– Rien sur personne !
L'un des citoyens alcoolisés,
en aucun cas le dernier,
a quitté, souriant, le bureau de vote :
– Rien sur personne, mes amis !
Pourtant j'ai voté.

Je regarde vers la mort

Je regarde vers la mort
et elle ne dit mot.

Même elle garde un silence subversif,
avec sous-entendu,
sur un monde dans lequel
certains insistent
pour aider la poésie
à traverser la rue.

Pour en être certain
je regarde encore une fois
vers la mort.
Elle ne dit toujours mot.

Quand tu meurs

Quand tu meurs tu ne manques
à personne.
Une seule personne portera
ta croix, la croix
que tu as portée
seul toute ta vie.
C'est alors que quelqu'un
une serviette à la main
fera de la figuration
à ta place, tristement.
Rends-toi compte à quel point lourde
fut ta Croix.
Tu ne manques à personne
quand tu meurs.
Seuls ta croix, ton gâteau des morts
et ton cercueil
seront portés
selon la coutume.

Le mystère

Le mystère de cet instant précis
quand tu as oublié de m'oublier.
Les pharaons étaient déguisés
en gens ordinaires.
Les gens ordinaires
se réjouissaient avec des mouchoirs
sur leurs yeux.
Les dieux priaient les gens
d'accomplir des miracles humains.
Et le miracle arriva !

Tu as oublié de m'oublier !

À bientôt

Il y a tant de façons
de mourir,
comme il y a
tant de façons
de rester en vie.
De même qu'il y a tant de façons
d'entendre SES murmures,
ceux de Dieu :
– N'aie crainte, Homme-dieu !
Cela passera aussi
comme toute mode !
De même il y a tant de façons
de vendre ou d'acheter
quelque chose ou quelqu'un,
de nourrir les pigeons,
de dire je t'aime,
ou à bientôt.
Mais il n'y a qu'une seule manière
amusante, comique, cocasse

à elle et seulement à elle de te demander :
– N'est-il pas dangereux d'avoir publié ce texte-là ?

Je jure

Et je te jure que tout cela existe !
La vie existe aussi
et l'amour et la haine existent !
Je les ai vus de mes propres yeux
sur un réseau social.
Dans la rue aussi, si tu
observes attentivement
tu peux les cueillir involontairement.
La mort aussi existe !
Même si les gens font des donations,
se signent, prient,
se plient en quatre
pour se débarrasser d'elle !
Un jour je suis passé dans un
cimetière et j'ai vu tellement
d'emplacements libres,
mais clôturés
où habitaient
beaucoup de gens
indispensables.

Longue vie

(ou *Ad multos anos*)

Au milieu du mois de janvier,
ils avaient déjà déclaré la fin proche de l'année.
On annonçait la fin d'un monde
et pas de signes annonciateurs d'un autre,
nouveau.
À la vitre, des anges et leurs chants traditionnels.
Quelqu'un te murmurait avec insistance
un à peine audible :
– Longue vie !

L'automne est là !

L'automne est là, Nichita !
Et nous ne sommes pas ivres, ni ironiques,
il a fini par arriver
avec des couvertures par-dessus la canicule qui fut.

L'automne est là, comme chaque année
chanté par Nicu, fils d'Alifantis sur Tes vers.

L'automne est là, la joie des gens
et des maires qui se débarrassent des moustiques.

L'automne est là et bientôt on aura
aussi des *Merry Christmas*.

L'automne est là et en pleine guerre des sourds,
on s'étonne quand on croise un Homme !

Prière

Dieu, pardonne-moi, car
dans ma petitesse,
je les ai tous appelés
par leurs noms.
J'ai appelé le maître,
maître.
J'ai appelé les esclaves des ordonnances,
les pharisiens, vous pharisiens !
Pardonne-moi encore, Dieu
parce que je n'ai pas mangé l'été
de la crème glacée quand Tu avais chaud
et je n'ai pas bu de la tsuica
en ébullition l'hiver quand Tu avais froid.
Pour le reste, Dieu
tout est pareil.
Comme tu le sais.

Revelatio in fragmentum

Suis ton rêve,

au moins jusqu'au premier arrêt.

Sur la route des interlopes

portant l'uniforme de l'État,

vérifieront ton billet,

et au motif qu'il n'est pas

valable, ils te conjureront

de descendre…

Toi

Tu es la personne joyeuse qui
parle de choses tristes
en temps de paix.
Entre deux attentats survenus
en divers endroits du monde.
Entre deux avions détournés
par des types cagoulés
et des grenades à la main !
Entre d'autres avions
écrasés ou explosés en plein vol
pour des raisons, ultérieurement, non
élucidées…

Celui qui écrit sur la mort
ne la fait pas advenir,
mais ne peut pas non plus l'empêcher.

L'existence

L'existence est si étrange,
entre poussière, poudres et cendres.
Celui qui prend de la poudre
est devenu ton lecteur
inconditionnel entre-temps
(à la vie et à la mort).
L'existence est si étrange,
jusqu'à la cire la plus
pure du monopole
étatique.
Entre poussière, poudres et cendres
entre hardes, chiffons
et putes.
Que fais-tu quand
le diable joue du piano
à un concours de jeunes talents ?
Et que la dame du jury a la chair de poule ?
Que fais-tu quand Dieu te vient à l'esprit
en pleurant ?

Il pleuvait

Il pleuvait et tu étais sincère.
Tu étais sincère et il pleuvait.
Tu ne sais toujours pas
si c'était à cause de la pluie,
que tes amis s'étaient vu pousser
des poignards
dans le prolongement des bras.

25 mars*

À la sortie de ma nuit de sommeil,
de mon insomnie
plus âgé de quelques instants,
d'un jour, d'un an.

*Jour anniversaire du poète

Avec la mort, par la mort

Avec la mort, par la mort
le silence gardant !
Silence de trop-plein,
non de rien.
Silence bruyant et non taiseux.
Arrive une immortalité depuis la mort et nous rend
optimistes de sa main.
Et nous répondons :
– La main nous vous baisons !

Elle est l'Histoire pas encore contée
par les historiens, nous souffle
le souffleur de vent.
Parole d'honneur !

Nouvel An

L'an meurt et nous nous
réjouissons comme à la noce.

Nourriture à profusion,
musique, champagne, gâteau de célébration.

Nous sommes des Judas, nous tous,
le vendons à la nouvelle année
de nouveau.

Nous sommes ce que nous oublions...

Nous sommes ce qu'hier nous avons oublié,
pour ensuite nous en souvenir tristement
aujourd'hui.
Nous sommes mémoire effacée
et retrouvée péniblement
telle la sortie de la mort clinique.
Nous sommes la mémoire d'aujourd'hui oubliée
demain.
Nous sommes la mémoire
souvenue tendrement, avec mélancolie…
Nous sommes et puis c'est tout !

Signes

La mort fulgurante du rêve
les avait tous ramenés
sur le seuil de la mélancolie.
Tout se passait
pendant la saison de la folie.
La vie permanente de la mort,
lui faisait signe,
des signes à nouveau.

Le matin

Le matin toutes les choses étaient à leurs places,
le matin te souriait pareillement.
Comme le précédent, même si
un peu capricieux.
Il était fâché.
Il avait perdu, tu avais perdu
toi aussi.
Le pari avec la nuit,
le pari avec la mort.

Finalement

Au bout de la vie, il y a la mort.
Au bout de la mort, il y a la vie.
Au chevet de la mort morte, il y a toi,
tu allumes des cierges pour elle,
tu fais des offrandes pour elle
pour que son âme reste en paix
dans l'autre monde.
Le monde s'incline affligé
et dit :
– Que Dieu lui pardonne !

OK

Tout est en règle, la mort

à sa place, sagement

qu'elle attend ses clients.

La vie, bien qu'un peu crispée, coule.

Dans le sang paix et silence.

La tension est stagnante

et sage.

Le bon Dieu observe.

Et sourit.

Traité de paix

Tu avais oublié que c'était inoubliable.

Le printemps était si loin…

Le globe terrestre demeurerait rond

à l'instar du ballon de foot.

L'oubli était si oublieux.

Dans la nuit

le printemps était

si loin…

Variantes

Après tant de liaisons avec la mort
tu es encore en vie
ou peut-être après tant de
liaisons avec la vie tu observes
la mort de haut.
Tu es encore vivant, même si
tu es déjà mort jadis
d'ennui ou en signe
de protestation.
Ou peut-être au nom
de la transition.

Il arrive une mort quand la vie
signifie tout ce que
tu savais sur le bout des doigts,
arrive une mort
quand la vie est, sera,
fut.

Nuit blanche

C'est une nuit blanche,
les paupières tombent
lourdes de sommeil.

Avec la mort tu te laves
les yeux pour te revigorer,
tu débranches la folie
et quand tu t'empares de ton téléphone
tu fais un numéro au hasard.

Te répond
une voix endormie,
à qui tu dis :
– Mesdames, Mesdemoiselles et Messieurs,
n'est-ce pas que vous aussi
vous n'en avez cure ?

Départs

Tu étais partie.

Au *flash info*

tant de morts,

tant de terreur et de sang partout.

Dieu était parti lui aussi

ou du moins c'est ce que nous croyions tous.

La terreur de ne plus être vivants,

les larmes de Dieu

par l'intermédiaire de tous.

Tu étais partie joyeuse peu

avant tout cela…

Un jour, Dieu

Un jour nous pleurerons
ou peut-être nous rirons.
Temps ensoleillé ou nuageux,
d'une des quatre saisons.
Un jour nous partirons
ou nous demeurerons.
Un jour, Dieu
nous aimera
jusqu'au bout.

Dans la file d'attente

Dans la file d'attente
pour du *chawarma* avec un peu de tout,
quelqu'un, peut-être, pense
à TOI.
Il te voit apparaître à la vitre,
avec dans la main
un grand chawarma, et dans l'autre
une bouteille de *Coca Cola*, *Fanta* ou *Sprite*.
– Prenez et mangez, dis-tu aux affamés,
ceci est mon corps !
– Prenez et buvez, ceci est mon sang !

Dans la file d'attente pour du chawarma avec un peu de tout,
quelqu'un, peut-être, pense,
ne pense pas,
à TOI !

Félicité

Elle s'était mise à me héler
par mon petit nom,
moi aussi je la hélais
par son petit nom : Félicité !
C'était un de ces jours
quand nous promettons d'être meilleurs,
plus…
La fête de la poésie, la fête nationale,
de la femme, de l'homme
Noël, Pâques
ou la fête
du secouriste de l'humanité.
Des fêtes qu'on oublie aussitôt
le lendemain.

La veille de l'une de ces amnésies
elle me hélait par mon petit nom.
Je la hélais moi aussi : fé-li-ci-té !

Pour les fêtes

Pour les fêtes tu râpes
ton âme,
tu en fais de la mayo,
ensuite de la crème peut-être et de la chantilly.
Pour les fêtes, elle non plus, le Mort,
n'est plus ce qu'elle était.
Jadis elle te connaissait, tu la savais par cœur.
Parfois, surtout pour les fêtes
quelqu'un de bienveillant te retrouve,
te hèle :
– Lève-toi et marche !

Amen

Le bien ne se fait pas de force.
Un civil tu es tant qu'ils ne
t'ont pas pris,
tant que tu respires encore
l'air pollué de l'extérieur.
Le bien ne se fait pas de force.
Il vaut mieux les laisser avec leur argent
emprunté,
avec leur argent des évasions.
Finalement, est plus sincère le mendiant
devant l'église.
Amen !

Recensement

Tu habites à la même
adresse que la mort.
Parfois elle te salue joyeuse.
Complice, elle te fait un
clin d'œil.
Ensuite, bientôt, sonnent
les cloches de l'église
pour annoncer
que Dieu
a encore rappelé chez lui
un homme bon.

Pensée

Seigneur, les poètes t'indiffèrent !
Tu ignores combien d'entre eux,
se jetteraient dans tes bras,
mais écrivent plutôt de la poésie !
Ô, mon vieux, tu ne sais même pas
à quel point ils sont pauvres les poètes.
Ils sont tellement pauvres,
qu'ils ne peuvent se permettre
ni le poignard, ni la corde,
ni les revolvers
à billes d'acier.
Utilisés par les gens
de la classe moyenne
pour te saluer
parfois dans le trafic.

Consensus

Tu es parvenu aux mêmes
conclusions que moi.
La mort t'a été extrêmement
proche pendant la vie.
Telle une chemise de ta propre peau.
Parfois sa présence était
si perceptible, que
tu rajoutais un couvert en plus
à toutes vos *tables du silence**.
Elle ne touchait
jamais la nourriture.
Elle laissait tomber la faux de ses mains
pour t'observer heureuse, tandis que tu
mangeais.
D'autre fois, en suivant un débat télévisé
à une heure de grande écoute, elle te murmurait
tel un souffle léger
que tu perds ton temps,
de toute façon rien ne s'arrange, rien...

La mort t'a été si proche

pendant la vie,

que tu te demandes :

— Pendant la mort, comment cela sera-t-il ?

*Référence à une œuvre de Brancusi

Elle

Elle était si belle
et presque du même âge
que ma mort.

Elle était si belle,
qu'elle aurait pu être
la meilleure raison
pour Kurt Cobain
de ne pas embrasser
le canon de son fusil de chasse
avant d'appuyer sur la détente

Elle était si belle
qu'elle aurait pu déterminer
Jim Morrison
de se disputer toujours
avec les policiers de la planète entière.

Elle était si belle

que je suis absolument certain
que c'était elle, ma propre mort.

Et elle dansait...
et elle dansait...

Temps

Il fait un temps à douter
et à manger des sarmale, Dieu,
signe qu'à ta naissance
tu avais de la peine à y croire
et que tu as prononcé le mot faim.
Après avoir mangé tranquillement, tu as montré
la dame-jeanne de vin de l'étable et tu as
prononcé
le mot soif.
Et finalement, à l'instar de ce que les rois mages
n'ont pas prédit
tu as prononcé un nom quelconque :
– Viorel Lis* !
C'est ainsi que depuis
nous avons du vin, Lis, et des sarmale.
Sur terre et à l'esprit.
Au flash info
du jour, de nuit,
de mort.

*Ancien maire de Bucarest habitué des plateaux de télévision polémiques

La plus belle

Avec l'argent gagné de la vente
de mes morts antérieures,
je me suis acheté une nouvelle vie
et là je l'attends, elle :
ma future mort,
qui sera peut-être,
la plus belle entre toutes.

Un lundi

Un beau lundi
ils seront peut-être moins maudits.
Leurs pots-de-vin seront appelés cadeau alors.

Un autre lundi
ils seront encore moins maudits
et ils nommeront leurs pots-de-vin
d'un nom nouveau : éducation !

Un beau lundi,
jour tout juste bon
pour vivre, pour mourir,
ils seront peut-être
de moins en moins maudits.

Salubrité

Chaque jour on tue l'ange
qui vit en nous pour le jeter dans la rue,
à l'attention des éboueurs.

Le premier jour n'est pas un jour de levée
d'ordures ménagères.

Le deuxième jour il advient quelque chose,
une gêne, une panne de carburant
et le camion des éboueurs
manque de nouveau à l'appel.

Le troisième jour l'ange ressuscite.

Il se lève et cherche de nouveau un abri
temporaire.

Peu de temps après, il sera de nouveau jeté
devant les camions des éboueurs.

Préparatifs

Les préparatifs ont déjà lieu.
Le fossoyeur est parti
au magasin de bricolage
pour un nouveau manche de pelle
et des clous.
Les fleuristes visitent la ville d'Amsterdam
pour te ramener les plus belles fleurs…
Le prêtre fait quotidiennement des vocalises
devant son miroir
tandis que les tirelires des amis
sont à moitié pleines.

De la petite monnaie
en quantité, en quantité…

À la police

Tu oublies de devenir fou
comme tu oublies de dire :
– Bonjour, Jésus a ressuscité,
Joyeux Noël, Bonne Année,
à ton ennemi de toujours !
À la police, c'est fermé
même si une ampoule se consomme sur le
frontispice.
Il manque de policiers dans la police, jusqu'à
demain.
Tu as envie de te dissimuler dans une infraction.
Éventuellement uriner de nouveau
sur la voiture de police
comme jadis, et de crier :
– Je veux un policier,
je dédie le contenu de mon infraction
commise sur cette
voiture de police
à un policier !

Malheur

À l'époque il n'y avait pas *Google translate*
et les professeurs d'anglais
étaient bien plus rares.

Il y avait beaucoup de professeurs de français
et des montagnes de professeurs de russe.

Mais il existait surtout une boisson parfaite
et incolore, dénommée vodka
que nous traduisions souvent par une
boisson rose nommée vin.

Assez souvent nous étions heureux
et nous souriions les uns aux autres.

Eh oui, nous étions si ignorants et primitifs,
que nous ne connaissions pas le mot *malheur*.

Avec le temps, nous avons tous fait connaissance
avec lui
et chacun d'entre nous a renoncé à quelque

chose,
livres, idéaux et rêves.

Beaucoup d'entre nous ont alors
imploré la Mort de venir
en lui faisant une place comme pour une amante,
dans le lit conjugal.

Chez la plupart, docile, elle
est venue.

Pour les autres, même si nous l'avons implorée
pareillement, même s'il y a à présent *Google translate*,
elle n'est pas venue, pas encore.

Celui qui a rusé avec la mort

L'homme qui a rusé avec la mort
plusieurs fois,
je l'ai rencontré aujourd'hui
dans la rue.
Il était joyeux, serein, heureux,
à un carrefour
avec des feux rouges.
Les voitures s'arrêtaient pour le laisser
traverser,
non pas comme autrefois !
Ainsi, l'homme
qui a rusé avec la mort jadis
sans le savoir, sans le deviner,
a rusé aujourd'hui
avec la mort,
encore une fois.

Sur l'amour

Sur l'amour, rien de nouveau
et de plus n'a été dit.

Par un beau jour de lundi
tu l'as trouvée sur un portail d'annonces
seule et timide,
à la rubrique des disparitions.
Quelqu'un venait à peine de la déclarer
invalide !

Par un autre jour de mercredi
ou de jeudi, tu sais qui
t'avait dit avec tant d'assurance
que depuis hier on ne t'achèterait plus de citrons.

Et cela même si tu as tant besoin de miel…

Politiquement correct

Toutes les choses étaient
presque correctes politiquement.
La folie ?
Pile à sa place.
Les pots-de-vin ?
Dans la poche de qui de droit.

Il n'y avait qu'elle, qui me manquât beaucoup
et moi aussi je lui manquais,
quand elle regardait son alliance.

Chez le tailleur

En prenant de l'âge
tu prends Dieu
pour l'emmener chez le tailleur.
Cela parce que,
en prenant de l'âge,
Dieu est pour toi
soit trop grand, soit trop petit.
Et alors tu l'appelles par son grand nom :
– Dieu, viens mon Dieu !
Allons chez le tailleur.
Pour tes retouches,
pour mes retouches.

Elles avançaient

Elles avançaient statiquement.
Au pays de la mécréance
les mascottes de la foi
étaient à tout endroit.
Dans les habitations,
dans les institutions,
dans la ville, la grande,
dans la ville, la petite,
affichées sur les poteaux.
Nous organisons des pèlerinages pour les croyants là, là, là…

Dieu, de plus en plus souvent laissait couler des larmes
en murmurant, en pensée,
Mais ce n'était pas leur pensée.

Elles avançaient statiquement.

Elle et c'est tout

Elle était partie jadis, autrefois,
dans une autre vie, cela faisait longtemps.
Je ne sais plus
si j'ai pleuré,
ou à quel point
cela m'a fait mal.
Quand elle est revenue,
telle une élève consciencieuse
à la fête de l'école
tel un prêtre qui chante
l'éternel souvenir,
et elle m'a récité
toutes mes morts par cœur.
Et elle m'a dit seulement ceci :
– Après la mort, on met une virgule,
pas un point.

Le meilleur ami

Parfois tu observes
à travers la fenêtre de ton âme
et il n'y a personne.
Juste des gens qui votent,
des gens qui ne votent pas,
heureux que demain
soit un jour meilleur.
Et demain n'arrive jamais.

Parfois tu observes à travers la fenêtre
de ton âme
et derrière toi
il n'y a qu'une ombre,
avec un poignard dans la main.

C'est ton meilleur ami.

Vendredi

Concernant la journée de vendredi
ils ont écrit un rapport
seulement lundi.
L'amour, ils l'ont évoqué
seulement quand elle fut partie.
Sur la vie ils t'ont écrit
des paroles sombres sur une croix.

Ensuite, pour la fête d'adieu
ils ont souri, ils ont plaisanté,
se souvenant tendrement
de toi.

Bucarest mon amour

Nous habitons cette grande ville.
La ville la plus
polluée du pays,
d'après les dires d'un ancien candidat
à la mairie de la capitale,
célèbre soliste de musique populaire.
Nous sommes indifféremment différents
et semblables.
Nous nous déplaçons d'un endroit
à l'autre avec le métro bucarestois
(METROREX)
avec le tram ou le bus de la STB (les amis savent
pourquoi),
avec un UBER
ou bien nous commandons un taxi,
dans le cas où
nous n'avons pas de véhicule personnel.
Parfois nous sommes tristes,
parfois joyeux.
La plupart du temps

nous tressaillons quand un autre
est hélé avec le même petit nom
que nous :
– Couilles !

Perpetuum mobile

Chaque jour nous souffrons,
et cela passe.

Nous prenons maladroitement place
du côté des justes
et nous nous tenons bien droits du côté
des injustes.

Ensuite nous souffrons à nouveau
et nous nous étonnons d'avoir eu mal.

Et de nouveau cela passe
sans qu'on s'étonne
cette fois-ci.

Nous continuons seulement
de nous asseoir
maladroitement du côté des justes
et de nous tenir bien droits du côté
des injustes,
dans un *perpetuum mobile*
qu'on nomme vie.

Chișinău mon amour

Ils nous attendaient comme on attend un parent riche
qui doit venir
les habiller selon la dernière mode,
ensuite les prendre par la main
pour les ramener chez eux.
Ils nous attendaient comme nos grands-parents
ont attendu un autre parent riche,
leur oncle, Sam.
Ils nous attendaient et quand nous sommes arrivés,
nous leur avons apporté nos âmes
enveloppées dans des livres.
Et une cigarette pour le frère du poète
jadis déporté en Sibérie.

Des jours

Il y avait des jours quand, même si je fus
je n'y suis pas allé,
et des jours quand, même si je n'y suis pas allé
je fus.
La mort dansait heureuse
à cloche-pied.
Par endroits on aiguisait les poignards,
dans d'autres on faisait chauffer le chaudron
de poix.
Venait tout juste de sortir l'herbe verte
et épaisse.

Il y avait des jours quand, même si je fus
je n'y suis pas allé,
et des jours quand, même si je n'y suis pas allé
je fus.

À qui le tour ?

Et voici que sans
nous en rendre compte,
à tous arrive le tour.
À la vie, à la poésie
et à la mort.

Il a fallu

Il a fallu que je voie la mort
sous toutes les coutures
et la vie
de travers.
Il a fallu.
A-t-il fallu ?

Lécithine

Nous habitons ici où
Dieu est et il n'est pas,
Nous inventons, réinventons des miracles
pour les oublier en permanence.

La plupart du temps
même la lécithine ne nous aide plus.

Au revoir

Nous, un beau jour,
peut-être aujourd'hui, peut-être demain
dirons au revoir
à tous.

Aux gens,
à la pluie,
à Dieu,
à nous-mêmes,
en silence.

Gaudeamus igitur

Les livres nous habitaient,
nous remplacions des livres.
Dieu nous souriait subtilement.
Alors, tu as crié, j'ai crié :
– *Gaudeamus igitur* !

Nous étions tous

Nous étions tous ici, là-bas
avec elle, la mort.
Main dans la main,
elle nous conduisait dans la vie.

Je vous salue

Bien sûr que m'amusent
toutes mes morts antérieures,
présentes et futures.
C'est pourquoi je vous dis
avec mes derniers mots de vie
avec mes derniers mots de mort,
pour lorsqu'elle viendra, elle,
ma mort finale,
la plus belle,
la plus forte,
la plus vivante,
cette nécrologie :
– Ne rien rajouter !
Sauf ce que j'ai dit,
au sujet des multiples manifestations
de mes morts !

Je vous salue !

La mort

Elle ne vieillit jamais.

Elle, la mort, se fatigue seulement parfois
et alors elle prend du repos
pour être en paix
elle se met hors-jeu.

Pendant tout ce temps,
nous, les autres, nous l'oublions.

Une fois suffisamment reposée,
elle, la mort, s'empare d'un quelconque mortel,
d'une quelconque mortelle
pour jouer avec eux
à ces jeux
de la mort.

Eurêka

On devenait fous, toi et moi
De plus en plus
à chaque sourire, joie, bonheur
qui était nôtre.
Comme une goutte chinoise
qui nous semblait, à nous, être bleue.
Les contemporains attendaient
la fin du monde,
ils évoquaient la fin du monde
qui était advenue
longtemps avant.
On devenait fous, toi et moi
songeant tout bas :
– *Eurêka* !

Sur le point de

Sur le point de mourir
encore une fois.
La patrie était peuplée
de contemporains heureux
d'avoir écouté tant de *manele*.
Tu portais le deuil,
je portais
un grand silence.
Sur le point de mourir
encore une fois.
Chez Lidl ils avaient
et du lait et du miel.
– Chers clients,
nous ouvrons la caisse numéro deux
pour vous !

C'est vendredi

C'est vendredi.
Tu t'habilles
dans une nouvelle mort
et tu pars.
Quelque part.

Les jeux sont faits

Trois de tes morts,
un roi de trèfle
et un autre de carreau.
À la vie, à la mort.
Les jeux sont faits !

Patine !

Elle, la mort, t'attends,
te court après.
Elle glisse et tombe, se relève
Patine et ne fonds pas.
Elle ne s'arrête pas.

Juste un rêve

Cette nuit j'ai rêvé de toi.
On habitait un monde imparfait,
nous étions presque libres
d'une certaine façon heureux.
Mais, quel beau rêve…
Nous n'avions pas de muselière.

Ioana ne déchire plus des poèmes

Ioana ne déchire plus des poèmes.
Parfois, elle les écrit,
lentement, suavement, presque craintivement.
Quand les contemporains la prient
de les réciter, elle s'intimide
tout d'abord, mais après elle les dit
presque en murmurant.
Elle sait que d'autres poèmes
elle en a déchiré ou pas
pour écrire.
Ioana ne déchire plus des poèmes.

Jusqu'au bout

Ça va bien, mais ça pourrait
aller mal.
Ça va mal, mais ça pourrait
aller bien.
Tu attends peut-être la province
comme la province
a attendu tant de fois
la métropole
ou au moins une de ses illusions.
Un matin,
un jour, un soir ou une nuit,
quelqu'un doit espérer
jusqu'au bout.

Le IVe Reich

Cette mort
et ses innombrables victimes.
Derrière elle sourient
perfidement, ceux qui ont repris
le pouvoir sur la planète.
Sans déclarations de capitulation
ou de guerre.
Et voici qu'arrivent les solutions de ceux qui
ne trouvent pas de solutions :
– Nous vous prions de monter dans les wagons !
Comment ça quels wagons ?
Les mêmes qui ont conduit
vos grands-parents
à Auschwitz
ou en Sibérie !
Devant cette mort,
on interdit même aux médecins
la consigne :
– Toussez, s'il vous plaît !

Courage à toi, Dieu !

Nous habitons nos vies
et nos morts,
nos succès
et nos échecs.
Nous habitons nos propres amours,
d'anciennes amours
ou de fausses amours.
La plupart du temps,
LUI, on l'oublie.
Nous nous en souvenons
seulement dans les instants
de grande détresse.
C'est alors que nous crions :
– Courage à toi, Dieu !
En avant l'égalisation !

Ils portent des masques

Ils portent des masques
par-dessus d'autres innombrables masques.

Ils portent des gants
par-dessus d'autres gants de chair
qui leur habillent les os.

Ils ne rêvent plus,
ils espèrent seulement.

Ce matin

Ce matin
personne n'est mort.
C'est ce que tu espérais, c'est ce que tu rêvais,
c'est ce qu'ils ont espéré, c'est ce qu'ils ont rêvé.
Ensuite ils ont crié :
– Dieu, quand est-ce qu'il arrive ce matin ?

Hier

Hier près de ta mort
il y avait ma mort
qui attendait.
Hier près de mon amour
il y avait ton amour,
joliment habillé,
(même s'il n'a pas l'autorisation de quitter
la maison),
dans une citation sur la vie
attribuée à Einstein.
Hier, près de ma vie
il y avait elle, ma mort,
amoureuse jusqu'aux larmes
de moi.
Et elle attendait.

Je vieillis

Je suis allé près de la mort
et j'ai pleuré
ou peut-être ai-je ri !
Je vieillis à chaque instant,
seconde, minute, heure,
semaine, mois ou année !
Je vieillis avec chaque
bouteille de vodka bue jadis.
Je vieillis avec chacun des faux
anciens amis
qui confondent le produit avec l'emballage,
mais aussi avec les vrais amis.
Près de chaque mort
qui vient et qui part,
laissant la place à la suivante,
je vieillis.

C'est la mort pour tout le monde

Aujourd'hui, plus que jamais,
nous avons tous une mort
qui nous admire
en catimini.
Nous sentons qu'elle est là et qu'elle ne l'est pas.
Et, pourtant,
dans chaque habitation,
dans chaque chambre,
dans chaque pièce,
elle nous attend.
La nuit, quand nous éteignons la lumière,
ses yeux brillent dans le noir.

Coucou !

La vérité se trouve dans les mensonges des autres.

La peur tu la vois aussi dans une branche que fait frémir le vent !
Entre l'amour et la peur
ils choisissent la peur.
Sur la mort aujourd'hui
presque rien.
Tu la salues simplement et joyeusement :
– Coucou !

Une éternité

J'ai eu des jours meilleurs
et les nuits beaucoup
plus blanches.

L'autre siècle était agonisant,
tandis que celui-ci
n'était pas encore né.

Depuis une éternité
je m'habille dans une mort
que je promène
dans le monde.

Ne t'arrête pas !

19 février et il pleut.

Curieusement

aucune campagne électorale.

Si cela avait été le cas, un Saxon muet

aurait souri de travers, de nouveau

sur une photo,

confortablement assis

sur une chaise de la *Table du silence*.

19 février et il pleut,

ou bien le temps est ensoleillé,

ou peu importe.

Tu observes la *Colonne de l'Infini*

et une voix te murmure,

te crie :

– Ne t'arrête pas !

Ne t'arrête pas !

Certains jours

Certains jours
ton malheur
est presque semblable
au malheur des autres.
Mais ta sincérité
n'égale pas la leur.
Le printemps bat son plein,
et pourtant il n'est pas là,
tant que tu ne peux pas
t'en réjouir.
De la même façon qu'eux
comptent leurs commissions,
tu comptes tes rêves,
mais tous ne sont pas là.
Manquent à l'appel seulement les plus
importants.

Une mort parfaite

J'habite une mort
presque parfaite.
Parfois elle vient
elle me hèle par mon petit nom
aussi fort qu'elle peut.
Ensuite elle se tait avec la même force.
Mais d'autres fois elle fuit
de toutes ses forces,
vérifiant, en courant,
son annulaire, pour se convaincre
que l'alliance y est toujours.
Ensuite elle sourit.
Mais son âme pleure !

Quelque chose se passe

Il se passe,
il s'est passé quelque chose.
La vie s'arrête,
la mort te fait signe de la main !
Il se passe,
il s'est passé quelque chose.
Tu caches tes larmes
dans un sourire,
dans un rire.
Et tu pars ou tu restes.
Quelque part.

Et tu trembles

Et tu trembles,
dans cet immense silence.

Elles pleurent leurs maris
tombés sur le front
entre le salon,
la salle de bain et la cuisine.

Et tu trembles,
dans ce silence.

Personne ne compte plus ses rêves
Et tu trembles
dans l'obscurité totale,
tant de lumières allumées !

Dieu et beaucoup de petits riens

Dans un monde sous le signe de la crainte,
conformément à certaines règles,
certaines recommandations,
nous trouvons Dieu
dans beaucoup de petits riens.
Dans les tampons *Always*,
dans les tests de grossesse,
dans les préservatifs *Durex*,
dans la bouteille de whisky,
dans la bouteille de vodka,
dans la bière en canette,
dans les sodas,
dans la viande congelée
ou réfrigérée.
Et dans beaucoup d'autres petits riens.
Mais chez LUI, dans sa maison,
lors de la nuit de la résurrection
le plus probablement
point nous ne le trouverons.

Ils émettront un décret,
une ordonnance, quelque chose,
en recommandant
de nous allumer
tous seuls le cierge
à minuit.

Pareillement à
lorsqu'on allume, pour combattre l'ennui,
la cigarette d'après.

On se disait des mots

On se disait des mots seulement.
Les sentiments s'étaient brouillés
d'une certaine façon, jadis avec nous.

On se disait des mots seulement,
ce samedi–dimanche
au parfum de lundi.

Quand l'herbe non plus ne pousse pas.

Masques

Nous sommes aujourd'hui,
et peut-être pour une longue période
des masques, par-dessus d'autres masques
recouverts d'autres masques.

Ainsi équipé tu recouvres le miroir
d'un masque supplémentaire.

Ensuite tu l'observes,
tu regardes dedans,
tu demandes :
– Qui es-tu, qui es-tu ?

L'oiseau

L'oiseau aussi te sourit.
Ensuite il déploie ses ailes
Et applaudit joyeusement.
En aucun cas,
ni état d'urgence,
ni état d'alerte,
personne
ne lui a dit tout bas :
– Mihaela, mon amour
mets ton masque, s'il te plaît !

Je t'aimais

J'étais dans les quartiers où il pleut,
même si la pluie n'existe pas.
Je suis allé dans les villes où les gens sont libres,
mais où la liberté manque cruellement.
Je suis allé dans le pays où le soleil n'apparaît
que rarement
et se couche instantanément.

Là où les gens manquent les uns aux autres
trop occupés et les uns et les autres
avec les réseaux sociaux
et en général avec la non-vie.

Dans tous ces endroits,
je t'aimais de plus en plus
en t'oubliant.

Bubico*, mon Dieu !

Tôt le matin tu bois ton café
et tu jettes le chien par la fenêtre.
Il ressemblait trop à Dieu !
Foutre-dieu : comment se signer au nom d'un chien ?
Tu as à peine le temps, téléphone à la main,
de consulter la flore et la faune
politique et non seulement,
sur les réseaux sociaux.
Fleurs, chatons, lapins et singes.
De sorte que, tôt le matin
tu bois ton café et tu jettes le chien par la fenêtre.

Et personne, de nulle part, ne l'appelle :
– Bubico, mon Dieu, viens chez maman !

*Un chien, protagoniste d'une nouvelle de Ion Luca Caragiale.

Chaque jour

Chaque jour quelqu'un perd
et quelqu'un d'autre gagne.

Au bistrot du quartier
et en général dans la vie
quelqu'un vend des émotions
et quelqu'un d'autre achète des émotions.

Ensuite la nuit tombe,
il fait noir.

Nous attendons un nouveau jour.

Attendons-nous un nouveau jour ?

Quelques morts

C'étaient quelques morts advenues,
il y avait d'autres morts également
qui devaient survenir.
Nous les comptions toutes en pensée.
Une, deux, trois…
Repos !

Tout ira bien

Seigneur, parfois tu es
un grillon qui chante
aux portes toujours fermées !
Si un beau jour
tu parviens à quelque ministère,
direction, déconcentrée
une des leurs, ils te demanderont
des pots-de-vin, des commissions,
un cadeau, une attention.
Ensuite ils te demanderont
si tu as ta carte d'adhérent
au parti qu'il faut…
Et sur-le-champ ils te sommeront
d'en signer une,
en jurant, en leur jurant soumission éternelle.
Te donnant l'assurance qu'ainsi seulement,
tout ira bien.

Une éternité

Nous devrions ressusciter plus souvent
et non pas seulement une fois l'an !
Tant que nous sommes encore
les uns pour les autres.
Tant que nous respirons encore
cet air
pollué, un peu moins pollué,
ou très pollué.
De même, nous devrions
nous pardonner à nous-mêmes
et leur pardonner.
Depuis une éternité nous oublions cela.

Mercredi

C'est mercredi,
je caresse la mort
sur la tête
et je lui murmure tendrement :
– Va-t'en !

La fin

Ceci est le dernier départ
que je vous ai promis
il y a longtemps.
Adieu !
Désormais je rêverai de vous
en chuchotant.

La poétique du réel

Ce qui compte à la lecture de tout texte poétique ou de nature poétique c'est l'impression que celui-ci crée au plus profond de l'être du lecteur.

À quel point cela nous émeut ?

Comment cela redéfinit la réalité qui nous est contingente ?

Quelle est l'émotion ainsi suscitée ?

Un texte poétique réussi est un texte qui parvient, sous une forme ou une autre, à identifier et à transformer la réalité directe, approximativement *objectuelle* et quantifiable, en quelque chose d'entièrement nouveau et frais d'un point de vue émotionnel.

Dans ce deuxième livre du poète Gabriel Dinu, la mise en jeu est grave et, en même temps, fruste jusqu'à la révolte presque.

Un certain sarcasme parcourt ce recueil du début à la fin, une forme subversive et intentionnelle d'ironie, un sarcasme construit de métaphores, paradoxes et surtout un manque de patience de la révolte sociale qui pulse intimement et à proximité de l'être du poète, à l'instar d'un autre système circulatoire, telle une lymphe cachée.

Il y a plusieurs clés de lecture pour les textes poétiques de Gabriel Dinu inclus dans le présent volume de vers, et la plus complète d'entre elles devrait être celle d'une lyrique du contemporain, greffée avec une forme de journalisme d'investigation sous l'empire du caractère implacable de l'impuissance qui dirige tant le lecteur que le texte lyrique vers le terrain propice et créatif de la révolution des caractéristiques stylistiques et des modèles lyriques. La fulgurance lyrique est réécrite sous une forme plus directe, concise, ardente et paradoxale. La réalité se soumet à la volonté de l'auteur et devient ainsi quelque chose de plus contondant, de plus catégorique, de différent. Une réalité subversive, qui flotte de façon terrifiante dans l'immédiate proximité de la réalité dans laquelle nous vivons directement et sans médiation.

Qui est l'alter ego lyrique dans ce livre, en quoi reflète-t-il l'intention esthétique de l'auteur, vers qui se dirigent les pensées et les métaphores de celui-ci, avec qui dialogue-t-il ?

Avec un courage qui tend vers la provocation ou qui relève au moins d'une mise à l'épreuve créative des limites de la communication, Gabriel Dinu semble dialoguer avec ce qui ne peut-être communiqué, avec la fin des choses, avec le mutisme absolu.

C'est un dialogue du poète avec la Mort, qui dans la plupart des cas de ce recueil, n'est pas perçue comme une finalité, implacable élément dramatique, mais plutôt dans son sens transformateur, de *mutandis mundi*.

Un art poétique de ce recueil est la poésie :

Signes

La mort fulgurante du rêve
les avait tous ramenés
sur le seuil de la mélancolie.

Tout se passait
pendant la saison de la folie.

La vie permanente de la mort,
lui faisait signe,
des signes à nouveau.

Toute leçon de vie contient en soi un exercice mortifère qui semble se détacher tel un leitmotiv des pages de ce nouveau volume de vers de Gabriel Dinu.

Et oui, c'est précisément ici que se forment aussi l'ironie, le tragique et le paradoxe d'une vie vécue dans un monde contemporain, dans l'exercice cruel et continu de mortification de l'Homme contemporain, une forme de déshumanisation tragique et irrémédiable devant laquelle l'unique réaction purement humaine et émotionnelle est d'embrasser lucidement et métaphoriquement sa propre fin, observée comme une forme de valorisation de l'être.

C'est un livre brut, direct, spectaculaire et dépourvu de compromis, de sorte que je vous invite à le lire et à le percevoir tel qu'il est, un champ cru de la transformation de l'adéquation d'une réalité contraignante et inéquitable par l'intermédiaire de la métaphore, du paradoxe et de la course lyrique. Vous n'allez pas être déçus.

Pour répondre aux trois premières questions énoncées plus haut, je dis que c'est un livre qui réussit à ébranler nos convictions sur le réel et la réalité par le biais d'émotions authentiques et crues, déclenchées par les états proches de la révolte qu'éprouve l'auteur.

Je clos cette présentation, avec les vers mêmes de Gabriel Dinu :

La fin

Ceci est le dernier départ

que je vous ai promis

il y a longtemps.

Adieu !

Désormais je rêverai de vous

en chuchotant.

Marius Conu